Geschichten

aus der Reihe
„Perlen unserer Erinnerung"

Mystische Geschichten

von inneren Stimmen, Abergleuben und Schutzengeln

Carmen Sabernak (Hrsg.)

Bibliografische Information der Deutschen Nationalbibliothek:
Die Deutsche Nationalbibliothek verzeichnet diese Publikation in der
Deutschen Nationalbibliografie; detaillierte bibliografische Daten sind
im Internet über dnb.d.nb.de abrufbar.

Impressum
2020© Carmen Sabernak, alle Rechte vorbehalten

Herstellung und Verlag:
BoD - Books on Demand, Norderstedt

Satz und Layout:
Nicole Mewes

Bildnachweise:
© by-studio © sonne fleckl - Fotolia.com
© Titelbild J.S.
© Werner Erdmann (S. 30)
 © Nicole Mewes (S. 6, 10, 22)
ISBN: 9783752672190

Inhalt

 Vorwort

Carmen Sabernak hatte die Idee, die Erinnerungen unterschiedlicher Menschen zu sammeln.

Erinnerungen, die wertvoll wie Perlen sind. Sie fragte in der Teltower AWO-Gruppe nach und es fanden sich schnell MitstreiterInnen.

Einmal im Monat trafen sie sich, tauschten Erinnerungen aus, lasen aus ihren Geschichten und verbrachten schöne gemeinsame Stunden. So wurde recht schnell der Entschluss gefasst, diese „Perlen unserer Erinnerungen" in kleinen Büchern aufzubewahren.

Die Geschichten sind so unterschiedlich, wie die Menschen, die sie erlebt haben. Einzelne Geschichten wurden zum Teil schon vor einigen Jahren verfasst. Deshalb finden sich teilweise auch noch Texte in der alten Rechtschreibung. Diese wurden absichtlich nicht angepasst, denn es sind Perlen aus der betreffenden Zeit.

Wir wünschen Ihnen ebenso viel Vergnügen beim Lesen, wie wir Freude hatten, das Buch zu gestalten.

Herzliche Grüße
das AutorInnenteam

Wald - Geschichten

„Ich bin der Wald – ich bin uralt!
Ich hege den Hirsch, ich hege das Reh,
ich schütz' euch vor Sturm,
ich schütz' euch vor Schnee.
Ich wehre dem Frost,
ich wahre die Quelle,
ich hüte die Scholle –
bin immer zur Stelle.
Ich bau euch das Haus,
ich heiz' euch den Herd:
drum – ihr Menschen –
Haltet mich wert!"

Diese Worte eines unbekannten Verfassers beeindruckten mich: So sinnvolle Gedanken aus früherer Zeit – und doch so passend für die Menschen im Heute!

Der Wald – zu jeder Jahreszeit ein besonderer Ort – voller Geheimnisse, Naturwunder und Abenteuer.
Er war und ist die Quelle unzähliger Lieder, Gedichte und Geschichten von bekannten und unbekannten Poeten.
Der Wald – ein wunderbarer Ort der Ruhe, ein schützender Hort für die Pflanzen- und Tierwelt, ein nützliches

und lebenswichtiges Stück Landschaft für die Menschen. Hier spürt man den Kreislauf des Lebens: Das Wachsen und Werden, das Blühen und Reifen – und schließlich das Vergehen!

Oh, wie liebten wir Kinder das grüne Dach der Baumkronen mit dem Schattenspiel der Sonne, das Rascheln der Blätter im Wind und das Rauschen und Wogen der Bäume bei nahendem Unwetter. Die Erwachsenen ermahnten uns übermütige und unbedarfte Kinder, die Gefahren der wilden Natur nicht zu missachten. Sie warnten vor Schlangenbiss und tollwütigen Füchsen, giftigen Pilzen und Wildfrüchten und den im Verborgenen liegenden Fallstricken der Jäger und Wilderer. Doch selbst die Mär von wilden Räubern, die dort in Höhlen hausen sollten, hielt die Dorfkinder nicht von ihren Ausflügen in das Abenteuer-Paradies ab.

In einem Lied über die Heimat heißt es: „Wir brechen in das Dunkel ein, verfolgen Ruf und Spur...“.
Diesem Instinkt folgten wir unwillkürlich bei unseren Erkundungen in unbekannte Bereiche. Mit der Neugier der Jugend überwanden wir geheime Ängste und erforschten die Naturgeheimnisse auf unsere Art.

Bei rasch aufziehenden Sommergewittern beeilten wir uns, flugs heimzukehren. Einigen Bäumen sprach man den

Schutz vor Blitzeinschlag zu. Es hieß zum Beispiel:

Buchen sollst du suchen,
Linden sollst du finden!
Aber: Eichen sollst du weichen,
Weiden sollst du meiden!

Welch ein fataler Irrtum. Es war eine Gefahr, die diese Sprüche hervorbrachten. Zum Glück wurde der Irrglaube uns nie zum Verhängnis.

Wir verängstigten Abenteurer saßen manches Mal eng aneinandergedrängt unter dichtem Buschwerk. Es schützte jedoch nur kurze Zeit vor den durchdringenden Regengüssen.

Das unheimliche Grollen des Donners und die grell zuckenden Blitze trieben uns schließlich in raschem Lauf dem Dorfe zu. Die besorgten Eltern empfingen uns Ausreißer mit lautem Schimpfen und heftigen Vorwürfen.

Sie waren natürlich froh über die unversehrte Heimkehr ihrer Sprösslinge. Nur gut, dass sie keine Gedanken lesen konnten:

Das nächste Abenteuer geisterte bereits in den Köpfen herum...!

Hannelore Wolf

Die Heimat hat sich schön gemacht

Die Heimat hat sich schön gemacht
und Tau blitzt ihr im Haar.
Die Wellen spiegeln ihre Pracht
wie frohe Augen klar.
Die Wiese blüht, die Tanne rauscht,
sie tun geheimnisvoll.
Frisch das Geheimnis abgelauscht,
das und beglücken soll.

Der Wind streift auch durch Wald und Feld,
er raunt uns Grüße zu.
Mit Fisch und Dachs und Vogelwelt
stehn wir auf du und du.
Der Heimat Pflanzen und Getier
behütet unsre Hand,
und reichlich ernten werden wir,
wo heut noch Sumpf und Sand.

Wir brechen in das Dunkel ein,
verfolgen Ruf und Spur.
Und werden wir erst wissend sein,

fügt sich uns die Natur.
Die Blume öffnet sich dem Licht,
der Zukunft unser Herz.
Die Heimat hebt ihr Angesicht
und lächelt sonnenwärts.

Worte: Manfred Streubel
Weise: Gert Natschinski

Mysterium - mysteriös oder einfach nur Zufall?

In diesem Sommer ist das Thema „Klimawandel" wieder einmal vorherrschend.

Hitzewelle, Unwetter, einfach nicht gerade das, was man sich so wünscht. Vor allem für uns „Alte", so um die achtzig Jahre und darüber, nicht gerade gesundheitsfördernd. So rufen wir uns fast täglich an, um zu erfahren wie jeder die Wetterkapriolen übersteht. Ein Freund unserer Familie und ich haben es uns zur Gewohnheit gemacht, wenigstens alle drei Tage zu telefonieren. Für Besuche wohnt er zu weit entfernt. Am Mittwoch plauderten wir wieder einmal. Leider nur kurz, denn die Hausklingel verkündete Besuch bei ihm.
Obwohl es ihm gesundheitlich nicht besonders gut ging, hörte er sich gut an und sagte auch, dass ich mir keine Sorgen machen sollte und er ruft in den nächsten Tagen an. Na ja - Sonntagsmittag war sowieso immer Telefonzeit bei uns beiden.

Irgendwie war ich aber etwas unruhig. Tröstete mich

aber, dass ja morgen Sonntag ist. Das Wetter drük-kend und schwül. Wohnung nochmal gut durchlüf-ten, Katze füttern, ein bisschen Fernsehen und die etwas kühlere Nacht für einen gesunden Schlaf aus-nutzen.

Meine Katze sagte sich aber: „Denkst du dir". Erst einmal Futter verweigert. Dann erst einmal raus (sie ist Freigängerin), nach kurzer Zeit wieder rein. Bald wieder raus. Wieder rein. Dazwischen im Zim-mer randaliert. So im Rhythmus und innerhalb einer knappen Stunde.

So hatte ich mir die Nachtruhe eigentlich nicht vor-gestellt. Morgens so gegen sechs Uhr beruhigte sich meine Muzikatze und ich konnte wenigstens noch zwei Stunden schlafen.

Ab Frühstückszeit wartete ich dann auf den Anruf unseres Freundes. Hoffentlich recht früh, damit ich mittags ein bisschen Ruhe nachholen konnte. Es kam kein Anruf. Also ich angerufen. Erfolglos.

Weder Festnetz, noch Handy. Bis abends keine Ver-bindung. Nun machte ich mir doch recht große Sor-gen. Schickte seinem Sohn, der immer mit ihm in Verbindung steht, eine WhatsApp mit der Anfrage nach dem Ergehen. Aber auch am Rest des Sonntags war Funkstille.

Montag. Beim Frühstück klingelte dann das Telefon. Vor Aufregung, dass sich unser Freund nun doch noch meldete, drückte ich erst einmal auf die verkehrte Taste. Die Verbindung kam dann beim nächsten Anlauf zustande.

Es war der Sohn unseres Freundes. Er fragte, ob ich sitze. Mir wurde schlagartig klar, dass etwas passiert sein musste. Dachte an einen Schwächeanfall in Folge der Hitze. In solchen Fällen gab es ein paar Tage Krankenhaus. Doch dann berichtete er mir mit belegter Stimme, dass sein Vater in der Nacht zu Sonntag verstorben ist. Er wurde in seinem Bett aufgefunden. Der Notarzt versuchte noch zu reanimieren, doch erfolglos. Noch wäre es nicht klar, ob es die Folge seiner Diabetes Typ I war oder seine Herzschwäche.

Sein Sohn war zu dieser Zeit auf der Heimfahrt von einem Kurzurlaub. So konnte er mir noch nichts Genaueres sagen.
Wir brauchten nun erst einmal eine Pause bis wir wieder sprechen konnten. Dann versuchten wir uns gegenseitig zu trösten, was aber auch nur bedingt gelang. Wir haben dann das Gespräch abgebrochen. Es war einfach kaum noch möglich.

Etwas bleibt unklar: Hat meine Katze in der Nacht meine Unruhe gespürt oder haben manche Tiere ein besonderes Gespür?
Vielleicht gibt es zwischen Realität und Empfinden doch mehr. Mehr als wir wissen!

Eva-Maria Kluck

Am Gartenzaun

Als unsere Kinder klein waren, pachteten wir einen Garten. Nicht weit entfernt von unserer Wohnung und auch mit dem Fahrrad gut erreichbar. Für das Leben im Neubaublock war der Garten ein wichtiges Ziel für die ganze Familie. Mit 1000 qm bot er viel Platz für die Kinder. Hier konnten sie ungestört spielen. Mein Mann und ich bewirtschafteten diese grüne Lunge. Wir hatten Obst und Gemüse je nach Saison und waren dadurch zum Teil Selbstversorger. Ein positiver Aspekt bei der Mangelwirtschaft in der damaligen DDR.

Eines Tages kam mein Mann aus dem Garten zurück und erzählte folgendes: „An unserem Gartentor hängt ein Beutel, eine Plastetüte mit Westwerbung". Das Grundstück lag an einer Hauptstraße, die von riesigen Eichen gesäumt wurde. Unser Zaun, ein Holzzaun und das Tor waren aus Holzlatten, zwischen zwei Betonpfosten befestigt. Direkt an den Latten des Tores hing die Tüte. Ob sie jemand verloren hatte und ein anderer hatte sie aufgehoben und an das Tor gehangen? Die Tüte war nicht leer. Mein Mann hatte nachgeschaut und „was Textiles in grau" entdeckt, hat es aber nicht herausgeholt. Er meinte es sei sicher ein Versehen, ein zufälliger Umstand, der diese „Westtüte" an unser Gartentor verbracht hat.

Genauso wie er sie vorfand, hatte er sie wieder an den Zaun zurück gehangen. Ich fragte, schon sehr neugierig geworden, warum er nicht genauer nachgesehen hätte.

Am nächsten Tag ließ es mir keine Ruhe und ich fuhr zum Garten. Tatsächlich, die Tüte hing da. Eine große Plastetüte mit Henkeln und Dallmayr - Kaffee - Werbung drauf. Natürlich wollte ich nun genau wissen, was da drin steckt. Ich holte einen neuen, tollen, grauen Lodenmantel im Stil eines Gehrockes aus der Wundertüte. Er hatte genau meine Größe und müsste mir perfekt passen. Ich war sprachlos.

Es konnte doch kein Zufall sein, dass so etwas einfach vom Himmel fiel und an unserem Garten landete! Doch wer sollte so etwas tun und warum? Sah ich vielleicht so bedürftig aus, so Mitleid erregend? War es reine Sympathie von einer mir bekannten Person?

Nein, Bekannte und Freunde schieden aus, da war ich mir sicher. So viele Fragen blieben unbeantwortet. Wahrlich, unser Budget war zu dieser Zeit aufgebraucht. Wir hatten auf den Trabant 601 gespart und waren nun, wie man so schön sagt, blank. Für noble, neue Kleidung blieb da nichts übrig. Trotzdem war ich der Meinung, dass die Meinen und ich immer sehr nett und ordentlich gekleidet waren. Obgleich Vieles aus Westpaketen von lieben Verwandten stammte. Ja, was wusste der Besitzer dieses Mantels von all dem? Es konnte sich nur um ein Versehen handeln, dass diese Tüte den Weg an unseren Gartenzaun genommen hatte.

Artig packte ich das gute Stück wieder ein und hing es nun noch besser, von außen sichtbarer, an den Betonpfosten. Wenn wir das nächste Mal kommen, ist der Beutel sicher weg und das Ganze hat ein Ende. Vielleicht nimmt ihn irgendjemand, der den Mantel auch gebrauchen kann, einfach mit.
Nach dem Motto: Gefunden – und nicht gestohlen!

Oder der Besitzer holt ihn wieder ab und denkt: Sie will ihn nicht, oder passt er doch nicht? Wer ist diese Person, wie gut kennt sie mich? In meinem Hirn ratterte es während dieser schöne Mantel wieder am Pfosten baumelte. Ich fuhr nach Hause und wir beschlossen noch 2 Tage zu warten, um dann zu entscheiden, ob wir ihn ....

In diesen Tagen überlegte ich viel, wer uns diese Denkaufgabe beschert haben könnte. Immer wieder kam ich zu einer mir bekannten, netten alten Dame. Sie war sehr zierlich, wir grüßten uns freundlich, sprachen uns aber nie persönlich an. Sollte sie? ... Warum? .... Auf diese anonyme Weise?

Fragen ...?

Dann fuhren wir vier gemeinsam und gespannt zum Garten. Da hing der Dallmayr-Beutel, aber diesmal nicht am Zaun außen, sondern innen zum Garten hin. So, als wollte der Spender / Schenker sagen: „Nun begreif doch, er ist für Dich, er wird Dir passen, hab Freude daran". Endlich probierte ich ihn an. Ja, es war ein gutes Stück, toller Stoff, solide verarbeitet und wie für mich gemacht. Die Familie war begeistert, und die Kinder sagten: „Mama, den nimmst du jetzt". Gesagt – getan! Die Tüte wanderte zu uns nach Hause und der Lodenmantel in meinen Schrank. Etwas später leistete ich mir noch ein farbenfrohes, schickes Tuch zum Grau des Mantels. Ich glaube, ich sah ziemlich gut darin aus.

Viele Jahre hatte ich Freude und zog ihn wie selbstverständlich an. Die Umstände seiner Herkunft jedoch haben sich nie wirklich aufgeklärt. Ich bildete mir ein, dass die alte, nette Dame immer besonders lächelte, wenn sie mich in dem Mantel sah. Lange habe ich überlegt sie anzusprechen, es aber nicht getan. Wie peinlich und beschämend wäre es für uns beide gewesen, wenn sie nichts damit zu tun gehabt hätte. Der „Spender" wollte anonym bleiben, warum auch immer. So habe ich dieses Geheimnis aus meinen besten Jahren für mich und uns bewahrt.

Margrit Prauß

Bauernregeln - Hundesport und Störche

Heute ist ja alles anders. Naturbeobachtungen sind nicht mehr „in". Oma wusste noch, dass der nächste Winter hart wird, denn die Eichhörnchen sammelten ununterbrochen Nüsse und auch die Igel suchten den größten Laubhaufen, um sich ein Winterquartier zu schaffen. Wer kennt sie nicht die Bauernregel: „Maien kühl und nass – füllt dem Bauern Scheun' und Fass". Oder auch: „Egal was kommt – man weiß nie wozu es gut ist".

Einige Sprüche waren natürlich etwas grenzwertig. Z. B. Wenn man auf dem Kornfeld eine Doppelähre findet, ist eine Zwillingsgeburt zu erwarten. Glaube nicht, dass da immer Freude aufkam.

Doch bei einem derartigen Spruch haben wir erfahren, dass alte Weisheiten tatsächlich zutreffen können.

Wir – das sind drei Sportfreundinnen unseres Hundesportvereins. Damals so um die dreißig Jahre alt, verheiratet. Allerdings ohne Kinder. Mit dem Haustier Hund – Mitglied im Verein.

Sonntags trafen wir uns alle zum Üben mit den Hunden, denn wir wollten ja bei einer Prüfung zeigen, was wir unserem Kumpel Hund beigebracht haben. Unter anderem auch Spurensuche, genannt Fährtenarbeit. Dazu gingen wir auf eine, hinter unserem Übungsplatz gelegene, Wiese. Selbige war auf einer Seite von Wald begrenzt und auf der anderen ging es zu einem Kanal. War ideal, denn es musste wechselndes Gelände sein.

Auch die Fährtenarbeit machte Spaß und war gesund, denn immerhin legten wir dabei so um die fünf Kilometer Fußweg zurück. Oft im Dauerlauf wenn der Hund es eilig hatte, denn am Ende gab es immer eine Belohnung für ihn. Wusste Hund ganz genau.

Wetterfest waren wir natürlich auch alle. Der Sport fand ja nicht nur bei schönem Wetter statt. So waren wir bei Regen oder Sonnenschein, ob Winter oder Sommer, immer an der frischen Luft. Bei schlechtem Wetter gab es auch mal eine Erkältung. Die haben wir aber weggesteckt. Wir waren schließlich abgehärtet. War alles für uns Frauen manches Mal nicht ganz einfach, denn eigentlich war Hundesport auch noch in den sechziger Jahren vorwiegend Männersache.

An einem schönen Sonntag im Frühjahr waren wir auch wieder einmal in der Botanik zur Fährtenarbeit unterwegs. Wie immer im „Weibsendreierpack". Als wir auf der Wiese ankamen, sahen wir, dass der Frühling wirklich begonnen hatte. Drei Störche suchten sich ihr Frühstück.

Für uns bedeutete das, dass wir die Wiese nicht benutzen konnten, denn bei unseren Hunden erwachte der Jagdtrieb. Na ja – dann suchen wir eben im Wald. Dort waren inzwischen unsere anderen Sportfreunde am Wirken.
Die staunten nicht schlecht als wir auch im Wald unsere Fährte legen wollten. Als sie den Grund des Geländewechsels erfuhren, ernteten wir Heiterkeit. Wir schauten darum ziemlich dumm drein, denn wir ahnten nicht den Grund. Fröhlich haben sie uns gratuliert. Warum? Unser ältester Sportfreund hat es uns dann verraten.
Eine alte Bauernweisheit sagt aus: „Wenn Frauen im Frühling die ersten zurückgekehrten Störche sehen, werden sie oder sind schon schwanger". So haben sie uns zum bevorstehenden Ereignis beglückwünscht.

Wir fanden diesen Aberglauben, der uns zum Mittelpunkt der Heiterkeit machte, einfach doof. Aber nicht sehr lange. Wir haben alle drei unsere Familien in diesem Jahr um einen Sohn erweitert.

Mein Mann und ich sind dem Hundesport treu geblieben und unser Sohn wuchs im Kreis unserer Sportfreunde auf, und brachte es später bis zum geprüften Ausbilder.

Die anderen beiden „Storchbabys" haben wir nicht mehr kennengelernt. Ihre Eltern sind aus unserem Sportverein ausgeschieden.

Ja – ja – diese Bauernregeln und die Beobachtungen unserer Urahnen. Sie geben uns immer wieder Anlass zu Diskussionen und Streitgesprächen.

Immerhin kann man sich bis heute noch das Beste heraus suchen und sollte es tatsächlich zutreffen, damit unendlich glücklich sein.

Aber bitte nicht ärgern, wenn's nicht stimmt.

Eva-Maria Kluck

Sommergewitter

Schwüle Gewitterluft breitet sich aus und lässt Mensch und Tier in lähmende Mattigkeit versinken. Dunkle Wolken türmen sich auf, ziehen rasch heran und überziehen den Himmel mit Dunkelheit. Grelle Blitze zeichnen ein bizarres Muster leuchtend in das nachtdunkle Himmelsgewölbe. Krachend folgt ein heftiger Donnerschlag, der in Intervallen grollend verklingt. Regen prasselt auf die Erde und überschwemmt sekundenschnell das Land.

Ein Gewitter war und ist immer wieder ein furchteinflößendes und zugleich faszinierendes Naturereignis.

Früher fürchteten sich die Menschen vor diesen unerklärlichen Gewalten. Sie glaubten, zornige Götter senden das Unheil als Strafe für begangene Sünden. Für gläubige Christen bleibt Gott bis heute der allmächtige Herrscher über alle Katastrophen des Himmels und der Erde. Die Bibel ist voller Geschichten von den entfesselten Elementen, die den Menschen als Strafgericht Gottes vor Augen geführt wurden.

Meine Kindheit war auch geprägt von Ängsten vor heftigen Gewittern. Sobald die ersten Vorboten spürbar wurden, rannte ich eilends nach Hause. Es gab zu dieser Zeit keine Blitzableiter als möglichen Schutz vor Blitzeinschlägen. Es kam immer wieder zu Bränden an Bauernhäusern, in die ein Blitz hineingefahren war. So erlebten wir Kinder öfter das verheerende Unglück der Familien, die zum Opfer der Naturgewalten wurden. Wenn das Feuer lichterloh brannte, mußten sie hilflos der Vernichtung ihrer Lebensgrundlage zuschauen. Ehe Hilfe zum Löschen des Brandes eintraf, hatten die Flammen ihr Werk meist schon vollbracht.

Um unsere Familie vor dem Verlust der notwendigsten Habseligkeiten zu bewahren, hatte meine Mutter eine eigene Überlebens-Strategie entwickelt.
Wenn ein Gewitter nahte, mußten wir Kinder sofort ins Haus kommen. Dann galt es, so viel wie möglich an Kleidung überzuziehen. Trotz der erdrückenden Hitze gehörten auch Jacken oder Mäntel zur Gefahren-Ausstattung. Von besonderer Wichtigkeit: Das gesamte Bettzeug! Wir pressten es an unsere Körper und gruben die Gesichter voller Angst tief hinein.
Unsere Mutter besaß einen grünen, verschließbaren Holzkasten. Diesen hatte sie bereits während der

Flucht aus der Heimat stets bei sich. Er enthielt alle wichtigen Papiere und Fotos, die sie wie einen Schatz hütete.

Angstvoll verbrachten wir die schier unendliche Zeit bis zum Abklingen der tobenden Naturgewalten. Durch Zählen des Abstands zwischen einem Blitz und dem folgenden Donnerschlag schätzte man die Entfernung zum Kern des Gewitters ab.
Sobald das erlösende Wort unserer Mutter verkündete: „Das Schlimmste ist vorbei!" – atmeten wir befreit auf und legten in Windeseile die uns schier erdrük- kende Last der Kleidung und des Bettzeugs ab.

Wenn dann die Sonne durch die Wolken brach, liefen wir barfuß durch die Pfützen und jubelten vor Freu- de!

Die Angst vor einem Gewitter hat sich in mein Innerstes vergraben und läßt mich bis heute nicht völlig los...

Hannelore Wolf

Nebelnacht

Nebel ist ein physikalisch – meteorlogisch erklärbarer Zustand und doch hat er etwas Geheimnisvolles, Mystisches an sich.

Es kann schön sein, wenn er sich am Morgen aus den Wiesen erhebt und der Sonne weicht. Wie in dem bekannten Lied von Matthias Claudius (1779) „Der Mond ist aufgegangen", zu lesen ist: „Der Wald steht schwarz und schweiget und aus den Wiesen steiget der weiße Nebel wunderbar".
Wie furchteinflößend kann er aber sein, wenn er undurchdringlich ist. Wenn man in ihm die Orientierung verliert und sich in „Nichts" bewegt.

So eine Situation erlebten mein Mann und ich vor vielen Jahren bei einer Fahrt mit unserem damaligen Trabant. Wir mussten zum Bahnhof Schönefeld und es war Nacht. Mein Mann war zur „Reserve" bei der NVA für 3 Monate eingezogen worden. Während dieser Zeit wurde den „Resls" ein 48 stündiger Heimaturlaub gewährt und diese Stunden liefen nun ab. Wenn er die Kaserne in Eggesin pünktlich erreichen wollte, und das war ein absolutes „muss", gab es nur den einen Zug ab Schönefeld, mitten in der Nacht. Auf den Straßen lag Schnee und im Radio wurden Warnungen wegen des zu erwarteten Nebels gesendet.

Wir hofften auf Wetterbesserung von Stunde zu Stunde. Fuhren dann aber viel zeitiger, als normalerweise nötig, los.

Die Situation wurde immer schlimmer. Innerhalb der Stadt konnten wir uns mit Mühe noch orientieren. Aber auf den Landstraßen, damals gab es noch keine Schnellstraße, war der Nebel undurchdringlich. Die Strecke nach Schönefeld war uns gut bekannt. Wir wussten wann und wo Kurven usw. kamen - normalerweise.

Bei dieser Fahrt aber..., fuhr die blanke Angst mit. Die schwachen Scheinwerfer konnten den Nebel nicht durchdringen. Wir wussten nicht auf welcher Straßenseite wir fuhren. Besser gesagt, wir sind nur noch gekrochen. Die weiße Masse, die uns umgab war unheimlich. In kurzen Abständen hupten wir mehrmals, um uns bemerkbar zu machen, für den Fall, dass uns jemand entgegen kam. In dieser Nebelnacht aber waren wir allein unterwegs.

Der Gedanke, dass ich ja wieder zurückfahren muss, falls mein Mann irgendwie von Schönefeld wegkäme, war schrecklich. Ich dachte nicht an die schönen Liedzeilen vom wunderbaren Nebel, sondern an die Kinder, zu denen ich zurück musste, um jeden Preis!

Irgendwie, nach gefühlten Stunden, erreichten wir den Bahnhof. Dort war nichts außer undurchdringlichem Weiß und Stille. Kein Zug, kein Mensch, nur mein Reservist in Uniform und ich.

Wir mussten ein Telefon finden, um in der Kaserne anzurufen. Vergebens! Doch dann, ganz hinten im Nebel jetzt erkennbar, eine Gestalt. Es war ein Diensthabender der Deutschen Bahn, der uns nun schriftlich bestätigte, am Bahnhof gewesen zu sein und dass auf Grund der Wetterlage jeglicher Zugverkehr bis voraussichtlich … eingestellt war.

Das hieß, dass wir die Heimfahrt antreten konnten. Ich dankte dem Schicksal, Gott und allen überirdischen Mächten, dass ich das nicht allein machen musste.
Inzwischen war es fast früher Morgen geworden. Der Nebel hielt sich zäh und die zweite Hälfte unserer

mystischen Fahrt lag vor uns. Erst als wir nach vielen Kilometern im „Nichts" die ersten Häuserzeilen erreichten, verbesserte sich die Orientierung.

Glücklich und erleichtert sahen wir unsere Kinder, die noch schliefen. An Schlaf war bei uns nicht zu denken. Es gab erst einmal einen heißen Kaffee. Der Urlaub meines Mannes verlängerte sich auf diese Weise um mindestens 36 Stunden. Am darauf folgenden Tag, als sich alles wieder normalisiert hatte, musste er dann zum zweiten Mal los.

Manchmal, wenn wir andere Naturgewalten erleben, denken wir auch an unser „Nebel – Abenteuer", von damals.

Margrit Prauß

Der Mond ist aufgegangen

Text nach dem Musen Almanach (1779)

Der Mond ist aufgegangen
Die goldnen Sternlein prangen
Am Himmel hell und klar:
Der Wald steht schwarz und schweiget,
Und aus den Wiesen steiget
Der weiße Nebel wunderbar.

Wie ist die Welt so stille,
Und in der Dämmrung Hülle
So traulich und so hold!
Als eine stille Kammer,
Wo ihr des Tages Jammer
Verschlafen und vergessen sollt.

Seht ihr den Mond dort stehen?
Er ist nur halb zu sehen,
Und ist doch rund und schön.
So sind wohl manche Sachen,
Die wir getrost belachen,
Weil unsre Augen sie nicht sehn.

Wir stolze Menschenkinder
Sind eitel arme Sünder,
Und wissen gar nicht viel;
Wir spinnen Luftgespinste,
Und suchen viele Künste,
Und kommen weiter von dem Ziel.

Gott, laß uns dein Heil schauen,
Auf nichts vergänglichs trauen,
Nicht Eitelkeit uns freun!
Laß uns einfältig werden,
Und vor dir hier auf Erden
Wie Kinder fromm und fröhlich sein!

Wollst endlich sonder Grämen
Aus dieser Welt uns nehmen
Durch einen sanften Tod,
Und wenn du uns genommen,
Laß uns in Himmel kommen,
Du lieber treuer frommer Gott!

So legt euch denn, ihr Brüder,
In Gottes Namen nieder!
Kalt ist der Abendhauch.
Verschon' uns Gott mit Strafen,
Und laß uns ruhig schlafen,
Und unsern kranken Nachbar auch!

Der Mond ist aufgegangen wurde 1790 vom Matthias Claudius (1740–1815) als religiöses Abendlied geschrieben. Vertont wurde es noch im selben Jahr vom Hofkapellmeister Johann Abraham Peter Schulz (1747–1800).

An der Bushaltestelle

Als ich Ende der 90er Jahre mit meinen Wanderfreunden auf Mallorca war, machten wir mit dem Bus eine Fahrt in die Mitte der Insel.
Nachdem wir ungefähr eine Stunde gefahren waren, hieß es: „Alles aussteigen!"
Ich stand in der Nähe der Tür und stieg schnell aus, drehte mich mit dem Rücken zum Bus und las alles, was auf einem Schild stand.

Ich bekam einen Schreck, als ich merkte, daß ich allein dort stand. Kein anderer von der Gruppe war zu sehen. Ich war in einem fremden Land, konnte kein Spanisch, wußte nicht was ich tun sollte.

Ich geriet in Panik, bekam einen Weinkrampf und schrie laut herum.
Nach ca. 20 Minuten kam meine Wanderfreundin Ingrid angerannt und „rettete" mich. Ich ließ mein Angstgezeter an ihr aus, bis ich mich langsam wieder beruhigte.
Seitdem sind Ingrid und ich gute Freundinnen, wenn wir auch manchmal anderer Meinung sind.

Gela

 Petrus

Ja der liebe alte Petrus! Wie oft wird in den letzten Jahren über ihn gemeckert und geschimpft. Sommer zu nass – Sommer zu heiß und zu trocken – Winter zu warm und ohne Schnee, eigentlich gar kein Winter.

An dem Allem soll der gute alte Petrus schuld sein. Er ist eben nun wohl doch zu alt und senil geworden. Es ist ja auch wirklich zum Haare raufen. Man hört den Wetterbericht, stellt sich darauf ein und dann kommt was ganz anderes. Ist doch schön, wenn man jemanden hat, dem man die Schuld geben kann. Das ist eben der gute alte Petrus. Ob der sich darüber die Haare rauft? Oder vielleicht den Bart?

Wie ist Petrus eigentlich zu diesem tollen Bart gekommen? Wie viele Männer haben schon versucht sich genau so einen stattlichen Bart wachsen zu lassen.

Nun bin ich darauf gestoßen, was vor einiger Zeit passiert ist. Ein Mensch war daran Schuld, dass Petrus so einen tollen Bart hat. Das Schlimmste ist, es war auch noch ein Brandenburger der den Bartwuchs veranlasst hat. Ich bin mir sicher, sie wissen es auch oder haben es irgendwann sogar fröhlich mitgesungen. Glauben sie nicht? Doch! Oder haben sie noch nie was von Fritze Bollmann, dem Barbier aus Brandenburg, gehört? Wenn nicht, lesen sie sich einfach mal den Text des folgenden "Gassenhauers", so wurden die Schlager vor Jahrzehnten genannt, durch.

Das Lied vom „Fritze Bollmann":

Und in Brandenburg uff'n Beetzsee,
ja da steht een Fischerkahn,
und darin sitzt Fritze Bollmann
mit dem janzen Angelkram.

Fritze Bollmann wollte angeln,
da fiel die Angel rin,
Fritze Bollmann wollt' se langen,
und da lag er selber drin.

Fritze Bollmann schrie um Hilfe,
liebe Leute rettet mir,
denn ick bin ja Fritze Bollmann,
aus der Altstadt der Barbier.

Nur die Angel ward jerettet,
Fritze Bollmann, der versuff,
und seitdem jeht Fritze Bollmann
uff'n Beetzsee nich mehr ruff.

Fritze Bollmann kam in'n Himmel:
„Lieber Petrus laß mir durch,
denn ick bin ja Fritze Bollmann,
der Barbier aus Brandenburg."

Und der Petrus ließ sich rühren
"Fritze Bollmann", komm man rin!
Du kannst mir mal jleich balbieren,
„komm man her, und seef mir in."

Fritze Bollmann, der balbierte,
Petrus schrie: „Oh' Schreck und Jraus,
du willst mir wohl massakrieren,
det hält ja keen Deibel aus."

„Uff' de jroße Himmelsleiter
kannste wieder runterjehn,
und balbier man unten weiter,
ick laß mir'n Vollbart stehn."

(aktuelle Variante)

Ja – so erging es dem armen Petrus. Ich hab es gese-hen. Als Kind, ich war damals wohl gerade acht oder neun Jahre alt, gab es einen Film (1942/1943) der das Geschehen darstellte.

Ich war besonders von der Himmelsleiter, die ja irgendwie durch die Wolken führen musste, beein-druckt. Ganz toll fanden wir Kinder auch, was man sich alles einfallen lassen kann, um Erwachsene zu ärgern, wenn sie einem Unrecht getan hatten.

Ein Rachefeldzug einiger Kinder hatte ja wohl Fritze Bollmann kentern lassen. Jedenfalls kam Petrus da-durch zu seinem Vollbart und wir Schüler 1947 nah-men uns den Film als Vorbild, um eine ungeliebte Lehrerin zu ärgern.

Die fiel zwar nicht ins Wasser, erlitt aber einen Ner-venzusammenbruch und wir Schüler erhielten eine Strafe, an der wir noch lange zu knabbern hatten. Das ist aber schon wieder eine andere Geschichte.

Eva-Maria Kluck

In Gedenken.

Omas Beerdigung

Ist es ihnen auch schon mal so gegangen? Sie fahren oder gehen irgendwo vorbei und ihnen fällt ein, was sie vor Jahren an dieser Stelle erlebt haben?

So fuhr ich wieder in einen Teil unseres Ortes, in dem ich schon lange nicht mehr gewesen bin. Es ist bestimmt so ca. fünfzig Jahre her, als mein Mann und ich oft hier waren. Seine Großmutter wohnte hier und wir haben sie oft besucht, denn sie war eine wunderbare alte Frau, die man einfach lieb haben musste. Leider ging auch sie eines Tages von uns und wurde auf dem Friedhof, der auch in diesem Ortsteil liegt, beerdigt. Wir haben hier in Stahnsdorf drei Friedhöfe.

Wundern sie sich nicht. So ein kleiner Ort und drei Friedhöfe? Eigentlich, wenn man die Grabstätten an der Kirche mitrechnet, sogar vier.
Eine der Anlagen ist sogar über unsere Grenzen hinweg bekannt. Sie gehörte praktisch zu dem nahen Berlin. Hatte einen Bahnanschluss in unmittelbarer

Nähe. Noch heute als Friedhofsbahn bekannt. Die Bahn und den Bahnhof gibt es nicht mehr. Wurde in der Zeit der DDR abgerissen. Der Friedhof ist schöner als je zuvor und die letzte Ruhestätte vieler bekannter Persönlichkeiten. Der Friedhof, an dem ich heute wieder einmal vorbei fuhr, ist schlicht und einfach und es wurden dort immer die kleinen Leute des Ortes zur letzten Ruhe gebettet. Der Opa, die Oma und später die Mutter meines Mannes haben dort die letzte Ruhe gefunden.

Den Opa habe ich nie kennengelernt. Die Beisetzung von Oma werde ich jedoch nie vergessen. Es war ein heißer Sommertag, als wir sie auf ihrem letzten Weg begleiteten. Die Natur hatte schon einige Wochen keinen Regen gesehen und sah so trübe aus wie wir uns alle fühlten.

Oma war sehr beliebt gewesen und so kamen neben den Angehörigen auch alle ihre Freundinnen. Schon in der Kapelle waren wir etwas betroffen, denn das Bestattungsinstitut hatte nicht sehr ordentlich gearbeitet. Es war ein Teil der Spitze der Sargdecke beim Verschließen des Sarges wohl unbemerkt eingeklemmt worden und war nun außen am Verschluss des Sarges sichtbar.

Eine leise Bemerkung einer Freundin: „Gut dass sie das nicht mehr sehen kann". Dann ging es zur Grabstelle. Sandige Wege, und auch an der Grabstelle alles Pulversand. Um die Grabstelle herum waren Bretter gelegt. Sonst hätte man nicht an das Grab treten können.

Die letzten Worte am Grab, die letzten Grüße, die Erde, die Handsträuße als letzter Freundschaftsbeweis – da passierte es.
War es der lose Sand oder die durch die Tränen eingeschränkte Sicht, die beste Freundin trat an das Grab, der Boden gab nach und die alte Dame rutschte ab und landete auf dem Sarg. Eine andere, die sie halten wollte, kam am Rand zu Fall.

Die Sargträger, die sich noch in unmittelbarer Nähe befanden, halfen den Damen zurück auf den etwas festeren Weg. Wir alle waren geschockt und von dem Geschehen betroffen. Besonders als eine der Freundinnen sagte, dass wenn so etwas geschieht, der Betroffene der Nächste ist, der unsere Welt verlassen wird. So ein Unsinn! Oder nicht?
Die alte Dame, der das Malheur passiert war, die rüstigste aus dem Kreis der Freundinnen, ist bestimmt nicht als Nächste dran.

Es vergingen einige Jahre und das Geschehen geriet in Vergessenheit. Doch eines Tages berichtete meine Schwiegermutter bedrückt, dass die Betroffene ganz plötzlich verstorben ist. Ein bisschen Triumph war in ihrer Stimme als sie noch dazu sagte, dass die alten Bauernregeln meist verlacht werden, aber doch irgendwie im Kern richtig sind und nicht vergessen werden sollten.

Inzwischen sind alle Freundinnen von Oma endgültig heimgegangen. Vielleicht sind sie nun im Himmel wieder vereint. Ich werde diese liebenswerte Gruppe, mit oder ohne Bauernregeln, immer im Gedächtnis behalten.

Eva Maria Kluck

Wenn das Käuzchen ruft

Meine ersten Lebensjahre mit allen Freuden und Leiden verbrachte ich mit der Familie in einer kleinen Siedlung im Mecklenburger Land. Dorthin hatte es uns nach der Flucht aus Danzig verschlagen. Als ich zehn Jahre alt war, verließen wir die ärmliche Dorfkate. Mit fünf Personen in zwei Räumen ohne Küche zu leben, war wahrlich kein Dauerzustand. Meine Mutter fand in einem größeren Dorf eine neue Bleibe für uns. Diese Wohnung – bestehend aus drei Zimmern und einer Wohnküche – erschien uns wie ein kleines Paradies.

Sie befand sich im Obergeschoss eine Bauernhauses und man konnte auf die Dorfstraße oder den Bauernhof blicken. Für Trinkwasser sorgte eine Eisenpumpe auf dem Hof des Gehöfts. Es war recht mühsam und schwer, einen vollen Wassereimer über die Treppe hinauf in die Wohnung zu schaffen. Hinter dem Stallgebäude auf dem Hof hatte der Bauer ein „Plumps-Klo" aus Holz für unsere Familie gebaut. Dieses notwendige „stille Örtchen" war für uns Mädchen, besonders in den Abendstunden, ein gruseliger Ort. Wenn es dunkelte, suchten wir ihn aus Angst vor bösen Überraschungen zu zweit auf.

Mit einer Laterne beleuchtete eine von uns beiden den unebenen Weg über den Hof. Als sich zeitweise Ratten in den Tiefen des Abortes ansiedelten, war das gefährliche Plumpsklosett für uns tabu!

In unserem Dorf gab es eine Schule im ehemaligen Gutshaus, in der die Kinder bis zur achten Klasse unterrichtet wurden. Im gleichen Gebäude befand sich auch ein Konsum-Laden mit einem Angebot aller notwendigen Lebensmittel.

Weithin hörbar verrichtete ein Schmied tagtäglich seine wichtige Arbeit. Die Schläge der großen und kleinen Hämmer auf den Amboss klangen wie eine Melodie. Der Schmiede gegenüber spiegelten sich Bäume und Sträucher im Dorfteich. Dahinter begann der Friedhof mit einer Kapelle und vielen Gräbern.
Die historisch wertvolle Kreuzkirche ragte weit sichtbar in den Himmel. Das Geläute der Glocken zeigte den Beginn der Gottesdienste an und war für uns Kinder ein Uhrenersatz.

Der Friedhof - ein unheimlicher und angsteinflößender Ort - besaß für uns Kinder eine unerklärliche Anziehungskraft. Mitunter, am hellen Tag, wagten die Mutigsten manchmal einen Blick durch die Fenster der Kapelle. Vielleicht konnte man den aufgebahrten Leichnam eines Verstorbenen entdecken?! Natürlich zeigte niemand seine Angst vor dem gruseligen Anblick. Besondere Furcht empfanden wir Dorfkinder, wenn alte Grabstellen zur Einebnung geöffnet wurden. Dabei kamen manches Mal die Gebeine der Toten zum Vorschein. Die Schädel mit den leeren, dunklen Augenhöhlen – welch ein besonders schauriger Moment.

So manches sensible Kind litt danach an Albträumen. Die Angst vor dem unheimlichen Ort der Verstorbenen erklärte sich aus den Gesprächen der Erwachsenen. Sie erzählten von den wandelnden Seelen, die den Gräbern entstiegen. An den Abenden, wo weithin sichtbar Glühwürmchen über den Friedhof flirrten und als helle Punkte in der Dunkelheit leuchteten, verstärkte sich der Glaube an das mystische Treiben besonders. Die kindliche Phantasie, vereint mit der Welt der Märchen und Sagen, spukte in den Köpfen herum. Wir hörten Geschichten vom Ruf der Käuzchen, die kranke Menschen ins Totenreich holen. Auch sagte man, dass die Zeiger der Uhr im Zimmer eines Verstorbenen stehen bleiben. Ebenso sprach man von Spiegeln, die bei Eintritt des Todes zu Boden fallen – welch unwirkliche Darstellungen für natürliche Vorgänge!

Im Laufe der Jahre, mit reichlich Wissen und Erfah-
rungen ausgestattet, verblaßte die Erinnerung an
diese Zeit des blinden Glaubens zusehends.
Heute lächelt man vielleicht darüber, aber Mystik und
Irrglauben, auch bedingungsloses Vertrauen, führen
die Menschen selbst in der Gegenwart auf falsche
und gefährliche Wege.

Hannelore Wolf

Brenzlige Situationen / Gefahr am Oderhaff

Im Jahr 1974 nahm mich meine Schwester Lilo zu einem Urlaubsaufenthalt nach Misdroy an die polnische Ostseeküste mit.

Als wir dort ankamen, gab es Schwierigkeiten beim Einparken des Autos. Meine Schwester gab mir die Schuld daran, daß ihr Wagen einen Kratzer danach hatte. Wir zankten uns und am nächsten Tag machte ich mich alleine auf eine Entdeckungstour in der Nähe Misdroys.

Der Weg war zuerst breit und ging nach Süden. Dann kam ich zu Wiesen, wo Kühe grasten. Der Weg wurde immer schmaler und feuchter, aber ich ging weiter. Als ich nasse Füße bekam, wurde mir bewußt, daß ich in einer schlimmen Lage war.

Sollte ich vorwärts oder rückwärts gehen? Eine „innere Stimme" sagte mir: „Kehre um!"

Ich kehrte um und ging den gleichen Weg zurück.

Dann kam ich in unserem Quartier an. Meine Schwes-
ter hatte sich beruhigt und wir vertrugen uns wieder.

Als ich am Strand eine Karte sah, guckte ich mir die
Umgebung darauf an und sah, wie nahe das Oderhaff
an Misdroy liegt und war dankbar, daß mich meine
„Innere Stimme" gerettet hatte.

Wir verlebten noch schöne Urlaubstage, aber von
diesem gefahrvollen Erlebnis erzählte ich meiner
Schwester nichts.

Gela, 14.07.2020

An der Uferböschung

Kurz nach der Wende, als wir ins westliche Ausland reisen konnten, wollten meine Wanderfreundin Ingrid und ich, gemeinsam an die Costa Brava nach Spanien reisen.
Die Fahrt ging von Potsdam (Bassinplatz) mit einem Reisebus los. Bei Abfahrt des Busses war Ingrid nicht da und somit war ich alleine unter fremden Leuten.
Wir kamen gut in Spanien an und ich erkundete den Strand und die Uferregion im Alleingang.

An einem Tag ging ich von Süden nach Norden den Strand entlang, sammelte schöne Muscheln, besah Strandpflanzen und bemerkte nicht, daß der Uferweg langsam höher wurde. Dann hörte er plötzlich auf. Ich befand mich ein Stück über dem Wasser und ein Stück unter dem oberen Böschungsrand.

Ich sagte mir: „Der Weg unten entlang dauert zu lange, klettere nach oben, bis dahin sind es nur 50 Meter." Ich begann zu klettern. Die ersten Meter gingen recht gut. Dann kam ich nicht mehr weiter.

Ich traute mich keinen Schritt nach oben oder unten zu machen und meinte: „Nun hat mein letztes Stündlein geschlagen."
Ich dachte an meine Mutter, die oft gebetet hatte und fing an zu beten.

Nach dem Gebet fand ich Mut und Kraft, um Stück für Stück nach oben, an den Böschungsrand zu klettern. Nach einer Pause und einem Dankgebet ging ich in mein Quartier und verbrachte den restlichen Tag im Bett. An den verbleibenden Tagen machte ich keine riskanten Unternehmungen mehr.

Zu Hause wieder angekommen sagte mir Ingrid, daß sie auf dem Bassinplatz gewesen war, aber an einer falschen Stelle.

Gela, 14.07.2020

Übernachtung am Gardasee mit Folgen

1994 fuhren meine Wanderfreundin Dagmar und ich mit dem Bus nach dem sonnigen Sorrent in Italien. Dabei mußten wir in einem Hotel am Gardasee übernachten. Ich legte meinen Ausweis und das Geld unter mein Kopfkissen, damit beides ganz sicher war. Als wir am nächsten Morgen im Bus saßen, fragte der Reiseleiter, ob wir alle unsere Sachen beisammen hätten. Wir riefen alle: „Ja".

Als wir uns am Abend im Hotel anmelden mußten, wollte Dagmar meinen Ausweis haben, um mich mit anzumelden.
Ausweis und Geld waren nicht da. Ich hatte beides im Hotel am Gardasee gelassen. Ich war wieder am Verzweifeln. Als ich das Mißgeschick dem Reiseleiter erzählte, sagte er, ich soll in dem Hotel anrufen und gab mir die Nummer des Hotels.
Ich hatte Glück. Bei meinem Anruf sagte man an der Rezeption, man habe Ausweis und Geld gefunden und ich kann beides bei der Rückfahrt zurückbekommen.

Dagmar borgte mir Geld für Kleinigkeiten und die Reise war gerettet. Auf der Rückfahrt bekam ich das Geld und den Ausweis wieder.
Danke an alle, die mir geholfen hatten.

Gela, 17.07.2020

Sekundenschlaf

Es war ein langer Arbeitstag gewesen, irgendwann im Jahr 2010, etwa ein dreiviertel Jahr, nachdem mein Vati gestorben war.

Ich räumte den Schreibtisch auf, legte alles für den nächsten Tag bereit und machte mich auf den Weg zu meinem Auto. Nichts war ungewöhnlich, alles Routine, der gleiche Trott wie in den letzten Jahren.

Ich ging zum Auto, legte eine CD ein und fuhr los. Wenn alles gut geht, benötige ich 30 Minuten für die Heimfahrt, aber das klappt nicht immer. Meist werden es 45 Minuten. Nicht ungewöhnlich, alles Routine.

Aber ich war müde, die Musik war auch nicht sehr laut und war irgendwie auch Balsam für die Seele. Der Verkehr war normal, alles lief gut, ich war müde. Ich machte die Musik lauter und wechselte von CD auf Radio. Auf der Schnellstraße schlich ein Fahrzeug vor mir her und ich blinkte, um auf die Überholspur zu wechseln. Alles normal, alles Routine.

Plötzlich hörte ich die Stimme meines Vatis. Mein Vati hatte eine leise Stimme. Er sprach eigentlich immer eher ruhig. Manchmal ging seine Stimme in lustigen und lauten Runden auch einfach unter. Und jetzt schrie er mich an:

„Mädel, pass auf! Carmen mach die Augen auf!"

Ich riss die Augen auf, befand mich bei Tempo 100 nah an der Leitplanke. Sofort war ich hellwach, ordnete mich wieder auf der rechten Spur ein und wusste gar nicht was geschehen war. Oder doch. Ich war eingeschlafen. Sekundenschlaf. Und woher auch die Stimme kam, Vati hatte mich geweckt. Er hatte mich laut gerufen. Mich vor Schlimmerem bewahrt. Er war mein Schutzengel.
Ich war voller Adrenalin. Ich schaute in den Rückspiegel, aber ich sah ihn nicht, obwohl ich fühlte, dass er auf mich aufgepasst hat, dass er mir ganz nah war. Er war bei mir und ich bedankte mich bei ihm. Ich heulte den Rest der Fahrt, blieb zu Hause auf dem Parkplatz im Auto sitzen und versuchte, mir die Situation zu erklären.
Keine Routine, nicht erklärbar, außergewöhnlich.
Vati hat immer gesagt: „Es gibt Dinge zwischen Himmel und Erde, die kann man nicht ergründen."
Er hatte Recht. Ich habe meinen Schutzengel gehört.
Aber wer würde mir das glauben?
Danke Vati.
Carmen Sabernak

Mystische Geschichten - Nachtrag

Die kleine Gruppe, die sich einmal im Monat im AWO-Kulturcafe in Teltow trifft, beratschlagt meist am Anfang eines Jahres, welche Themen für das neue Jahr interessant sein könnten.

Seit 2013 gibt es mich als die „Geschichtensammlerin" und im gleichen Jahr erschien das erste Büchlein. Viele Mitstreiterinnen und Mitstreiter haben ihre Erlebnisse, Geschichten und Gedichte seither niedergeschrieben. Es ist eine offene Gruppe. Manch einer schaut nur mal vorbei, manche bleiben, einige gehen auch wieder. Bei vergangenen Recherchen ergeben sich Kontakte, die z. B. bis nach Bochum reichen. Es ist spannend, Menschen zuzuhören, die aus ihrem Leben erzählen. Und manchmal gibt es auch Gastbeiträge, die unsere Gruppe wieder inspirieren, oder MalerInnen steuern ihre Bilder bei.

Niedergeschriebene Gedanken und Erlebnisse.
Das war vor acht Jahren die Idee. Diese Geschichten

und Gedichte, die im näheren Familienkreis vielleicht schon x-mal erzählt wurden, laufen Gefahr, nicht mehr richtig gehört oder gar vergessen zu werden. Beim Schreiben wird noch einmal differenziert und sortiert, Emotionen werden wach und finden Einzug in Geschichten. Egal ob Texte, Gedichte, Bilder oder Fotografien, alles wird sorgfältig überlegt. Bei unseren Treffen wird auch an Texten gefeilt, nach Überschriften gesucht, um einen Buchtitel gerungen. Es ist und bleibt ein Abenteuer mit jedem Buch. Eine Reise durch gelebte Leben.

Diese zauberhaften Menschen, jeder mit seiner besonderen Persönlichkeit, hatten oder haben andere Träume, Lebensentwürfe, Erfahrungen und Kümmernisse. Sie berichten aus ihrem Leben oder greifen Probleme der Zeit auf. In einer freundlichen Atmosphäre, wo gelacht und über alltägliches geplaudert werden kann.

Bevor nun dieses Büchlein mit Inhalt gefüllt werden konnte, gab es einige Diskussionen. Leider nicht im direkten Gespräch, der Umstand, dass der Lock-Down auch für die Treffen in den Räumen der AWO galt, machte alles etwas umständlicher.
Per Mail kamen dann die Stimmen:

„Nee, mit Science Fiction habe ich es nicht so."
„Ach nein, solch überirdisches Zeug ist nicht meins."
„Das Thema über Mystik, unerklärliche Erlebnisse usw. ist nicht meins…"
„Gruselgeschichten mag ich nicht"…
Ich war verblüfft. So viele Einwände.

Und dann, im Juli, endlich wieder die Möglichkeit, sich wirklich gegenüberzusitzen. Es war eine große Freude. Zwar mit Abstand und Maske – aber das war egal.

Und die ersten Geschichten waren auch da. Jeder hatte gemerkt, dass Mystik nicht unbedingt nur mit Zukunftsspinnereien, Außerirdischen oder Gruselgeschichten zu tun hat. Die kleinen Erlebnisse, die man vielleicht nicht richtig zuordnen konnte (oder bis heute nicht kann), die hat jeder schon einmal erlebt. Und so wurden die Erlebnisse sprudelnd erzählt und ausgetauscht. Einige davon fanden nun den Weg in dieses Buch.

Leider ist auch jetzt – November 2020 – ein Treffen wieder nicht möglich. Der zweite Lock-Down.
Viele Neuinfizierte.
Covid-19.

Keine Fiction.
Das AWO Kulturcafe darf wieder nicht öffnen.

Auch das ist fast schon eine Gruselgeschichte. Es ist traurig, wenn man die rasante Ausbreitung eines einzigen Virus weltweit beobachtet. Die Nähe zu den Angehörigen soll eingeschränkt werden, keine Besuche bei seinen Lieben im Krankenhaus, Abstand halten ist das A und O. Viele Maßnahmen sind hart, aber man richtet sich ein. Man möchte gesund bleiben und auch niemanden gefährden.

Unsere kleine Gruppe gehört schon auf Grund des Alters der Risikogruppe an, Vorerkrankungen sind sicher auch nicht auszuschließen, weder bei sich selbst, noch bei Familienmitgliedern. Also – reden wir weiter am Telefon, schreiben E-Mails oder Briefe und sind so doch noch verbunden. Wir werden sehen, wie alles weitergeht.

Trotz aller Erschwernisse in diesem Jahr, wir haben wieder Geschichten gesammelt und nun halten Sie diese in Ihren Händen. Die neuen Perlen der Erinnerung.

Das alles wäre wohl nur sehr schwer möglich, wenn wir nicht meine Freundin, Frau Nicole Mewes, hätten. Sie ist immer nur kurz erwähnt in der Angabe zu „Satz und Layout" und hätte einen viel größeren Platz verdient.

Seit vielen Jahren bringt sie unsere Textdokumente in eine gut lesbare, ansprechende Form, bearbeitet die Bilder und versucht alle Wünsche, die wir für das jeweilige Buch haben, umzusetzen. Manchmal auch in der sprichwörtlich letzten Minute. Mit Engelsgeduld und Ruhe trotz „tausenden" von Änderungswünschen.

Das alles macht sie ehrenamtlich und mit großem Engagement und viel Zeitaufwand.
Ihr gehört mein riesengroßes Dankeschön und eine „Mit-Abstand-Umarmung".

Carmen Sabernak, November 2020

Die Autoren:

GELA (Jahrgang 1943)
Hobbies: Theatergruppe, Wandern

Eva-Maria Kluck (Jahrgang 1935)
Geboren in Berlin, von 1936 bis 1997 in Kleinmachnow gelebt, danach in Stahnsdorf.

Berufe: Maßschneiderin und Wirtschaftskauffrau Sie war als Angestellte im Rat der Gemeinde Kleinmachnow, in der Landwirtschaftsbank in Potsdam und von 1975 bis 2000 im Gesundheitswesen (Geschäftsleitung, ab 1997 Leiterin des Seniorenbüros AVUS) in Teltow tätig.

Hobbys: Aus dem Leben schreiben: Anekdoten, bissige Leserbriefe, Glossen und Familiengeschichte, ehrenamtliche Tätigkeit in Selbsthilfegruppen.

Margrit Prauß (1947)
ist in Sachsen geboren und aufgewachsen.

Beruf: Krankenschwester, Ausbildung med. Fachschule Hubertusburg Wermsdorf.

Seit 1969 wohnt sie in Teltow, hat 2 Töchter und 4 zauberhafte Enkelkinder. Sie liebte immer schon „Deutsch" in der Schule, schrieb gerne Aufsätze, später Briefe. Gedanken, Erinnerungen und Erfahrungen aus ihrem Leben zu formulieren macht ihr viel Freude und sie gibt diese gern weiter.

Hannelore Wolf (Jahrgang 1944)
geboren in Westpreußen, nach der Flucht aus Danzig in Mecklenburg aufgewachsen, Ausbildung zur Kindergärtnerin im Schweriner Schloß. Umzug 1963 nach Leipzig, Heirat und Umzug 1967 nach Teltow.

Tätig als Kindergärtnerin, Wechsel in die GRW-Bibliothek, nach der Wende als Sachbearbeiterin im Sozialamt Teltow, seit 2009 Rentnerin.
Sie ist verheiratet, hat 3 Kinder und 4 Enkelkinder.

Hobbys: Singen im Chor, Mitglied einer Sportgruppe, Reisen und Tanzen, Verfassen von Versen zu bestimmten Anlässen sowie spontanes Schreiben kleiner Gedichte!

Werner Erdmann (Jahrgang 1942)
Geboren im heutigen Polen, aufgewachsen in Mecklenburg.

Dort in der Landwirtschaft gearbeitet, dann nach NVA-Dienstzeit der Umzug nach Teltow. In Teltow hat er seit 1965 als Einrichter im VEB Elektronische Bauelemente gearbeitet. 1988 ein zeitweiliger Aufenthalt auf Kuba, um dort den Aufbau einer automatischen Straße für Schichtwiderstände zu unterstützen. Seit 1990 bis zum Rentenbeginn tätig bei Siemens Berlin. Er ist seit 1966 verheiratet mit seiner Frau Ilse, gemeinsam haben sie einen Sohn.

Hobbys: Besonderes Interesse gilt dem Garten in Teltow, der schon seit über 50 Jahren gemeinsam bewirtschaftet wird. Eigenes Obst und Gemüse schmeckt noch immer am besten.
Weiterhin liebt er Bastel- und Reparaturarbeiten. Zu Weihnachten und Ostern zaubert er wunderschöne Deko-Elemente für die Familie und zum Verschenken. Seit 2010 hat er die Malerei für sich entdeckt, so entstanden viele Bilder in Öl-, Acryl- und Aquarelltechnik. Die eigenen Werke waren schon in kleinen Ausstellungen zu sehen. In diesem Buch ist eine Auswahl enthalten.

Carmen Sabernak (Jahrgang 1958)
Schreibt am liebsten mit Blick auf das Meer oder auf ihrer Rosenbank im Familiengarten.

Bisher erschienen

Aus der Reihe „Perlen unserer Erinnerung" sind bereits (im BoD Verlag zum Preis von 5,00 Euro) erschienen:

„Hannas Weihnachtsengel" erschienen 2013
ISBN: 9783732280414

„Begegnungen im Leben" erschienen 2013
ISBN: 9783732280889

„Verlust und Wiederfinden" erschienen 2015
ISBN: 9783734745812

„Elli" erschienen 2015
ISBN: 9783734769276

„Mein Berlin - Mitten mang und Dichte bei" erschienen 2015
ISBN: 9783738613599

„Am Wege blüht Vergissmeinnicht" erschienen 2015
ISBN: 9783738629262

„Singen und Wandern - das ist unser Leben" erschienen 2015
ISBN: 9783738659931

„Jahreswende - von Anfang bis Ende" erschienen 2016
ISBN: 9783741276798

„Sehnsucht, Glück und Bäume" erschienen 2017
ISBN: 9783848257195

„Täuscht der schöne Schein?" erschienen 2018
ISBN: 9783748111948

„Winterperlen" erschienen 2018
ISBN: 9783748101093

„Sommer-Zeit-Reise" erschienen 2019
ISBN: 9783748146964

„Geflüster bei Kerzenshein" erschienen 2019
ISBN: 9783750401877

„Meine Heimat Kleinmachnow" erschienen 2020
ISBN: 9783751930772

„Durch das Jahr"
erschienen 2020 im BoD Verlag

ISBN: 9783752672176
Preis: 8,00 Euro

„Winterzeit"
erschienen 2020 im BoD Verlag

ISBN: 9783752672169
Preis: 5,00 Euro